Impressum
Verlag: BABADADA GmbH, Nedderfeld 112 , 22529 Hamburg
Geschäftsführer / Verlagsleitung: Harald Hof
Druck: Books on Demand GmbH, In de Tarpen 42, 22848 Norderstedt

Imprint
Publisher: BABADADA GmbH, Nedderfeld 112 , 22529 Hamburg, Germany
Managing Director / Publishing direction: Harald Hof
Print: Books on Demand GmbH, In de Tarpen 42, 22848 Norderstedt, Germany

学校

ysgol

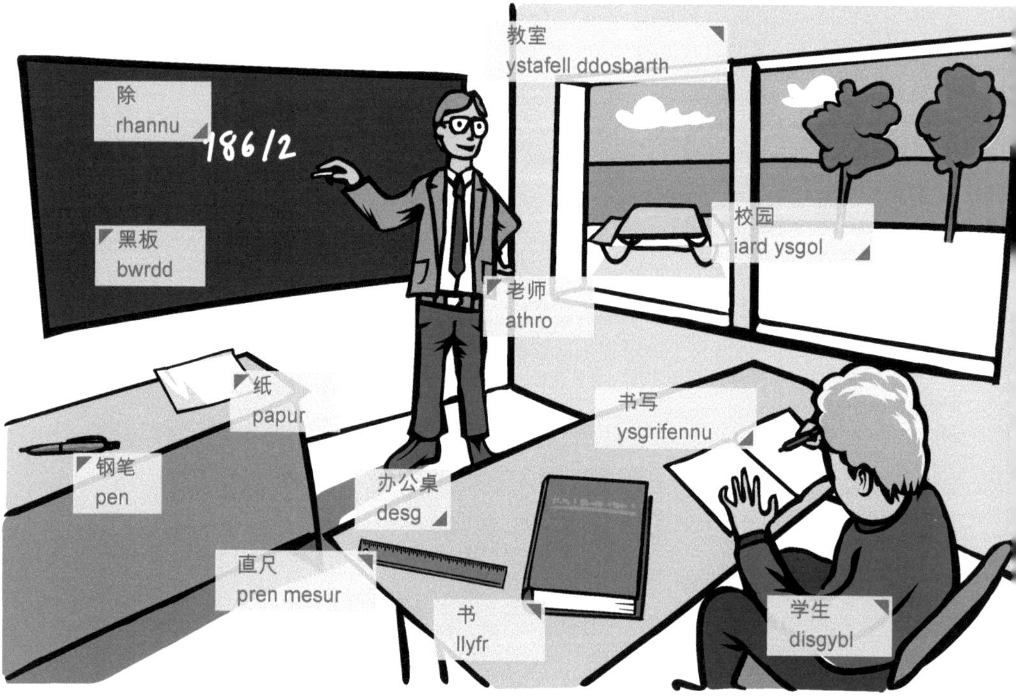
教室
ystafell ddosbarth
除
rhannu
186/2
黑板
bwrdd
校园
iard ysgol
老师
athro
纸
papur
书写
ysgrifennu
钢笔
pen
办公桌
desg
直尺
pren mesur
书
llyfr
学生
disgybl

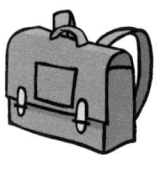

书包

bag ysgol

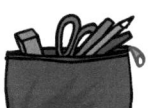

铅笔盒

blwch penseli

铅笔

pensil

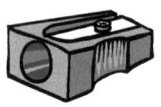

卷笔刀

peth rhoi min ar bensil

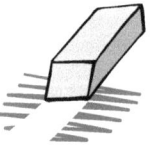

橡皮擦

rwber

画板

pad arlunio

图画
llun

画笔
brws paent

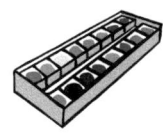

颜料盒
blwch paent

剪刀
siswrn

胶水
glud

练习册
llyfr ysgrifennu

家庭作业
gwaith cartref

12

数字
rhif

2+2

加
ychwanegu

5-2

减
tynnu

2×2

乘
lluosi

计算
cyfrifo

A

字母
llythyren

ABCDEFG
HIJKLMN
OPQRSTU
VWXYZ

字母表
gwyddor

hello

字
gair

课文

testun

读

darllen

粉笔

sialc

上课

gwers

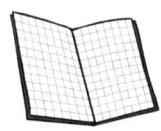

登记

cofrestr

考试

arholiad

证书

tystysgrif

校服

gwisg ysgol

教育

addysg

百科全书

gwyddoniadur

大学

prifysgol

显微镜

microsgop

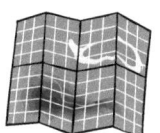

地图

map

废纸筐

basged papur gwastraff

旅行
teithio

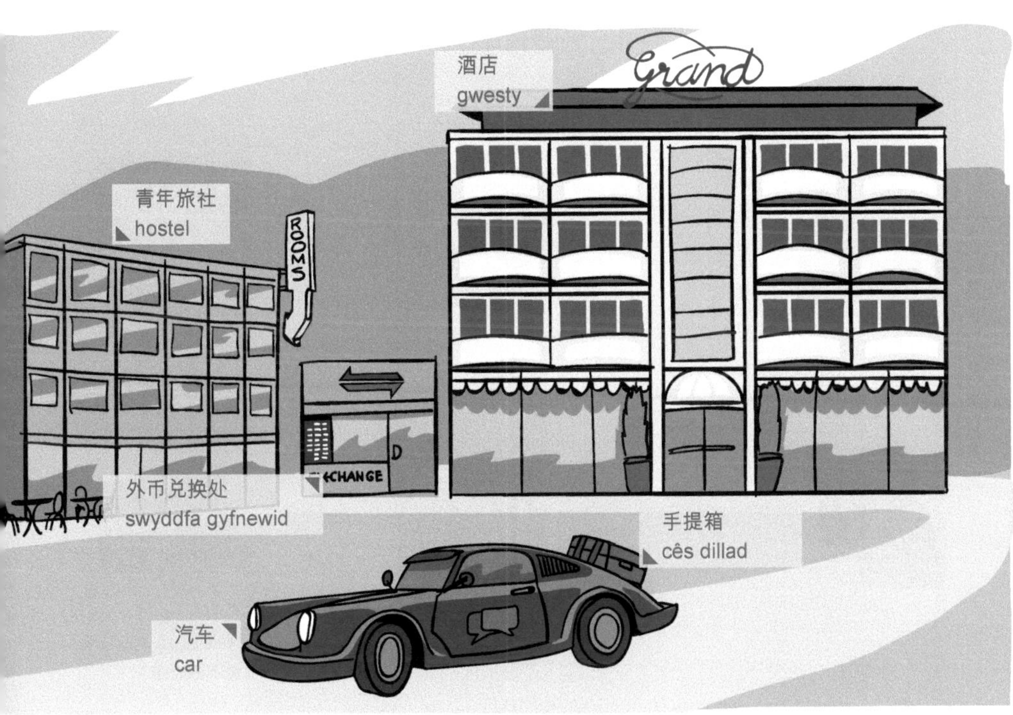

酒店
gwesty
Grand
青年旅社
hostel
ROOMS
外币兑换处
swyddfa gyfnewid
EXCHANGE
手提箱
cês dillad
汽车
car

语言

iaith

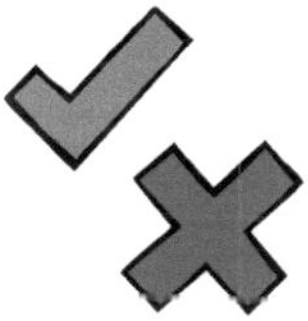

是/否

ie / na

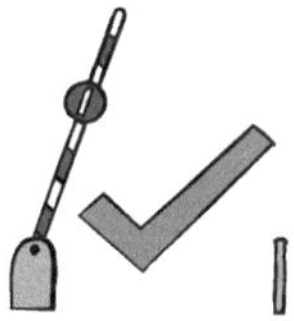

好的

iawn

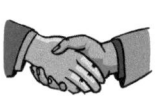

您好

helo

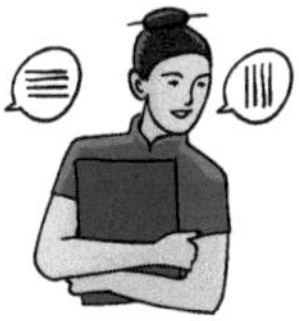

翻译员

cyfieithydd

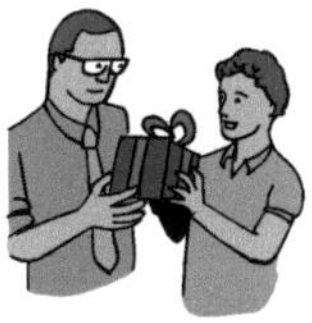

谢谢

Diolch yn fawr

……多少钱？

faint yw ...?

我不明白

Dw i ddim yn deall

问题

problem

晚上好！

Noswaith dda!

早上好！

Bore da!

晚安！

Nos da!

再见

hwyl

方向

cyfarwyddyd

行李

bagiau

包

bag

双肩包

gwarbac

客人

gwestai

房间

ystafell

睡袋

sach gysgu

帐篷

pabell

旅游信息
gwybodaeth i ymwelwyr

海滩
traeth

信用卡
cerdyn credyd

早餐
brecwast

午餐
cinio

晚餐
swper

票
tocyn

电梯
lifft

邮票
stamp

边界
ffin

海关
tollau

大使馆
llysgenhadaeth

签证
fisa

护照
pasbort

交通运输

cludiant

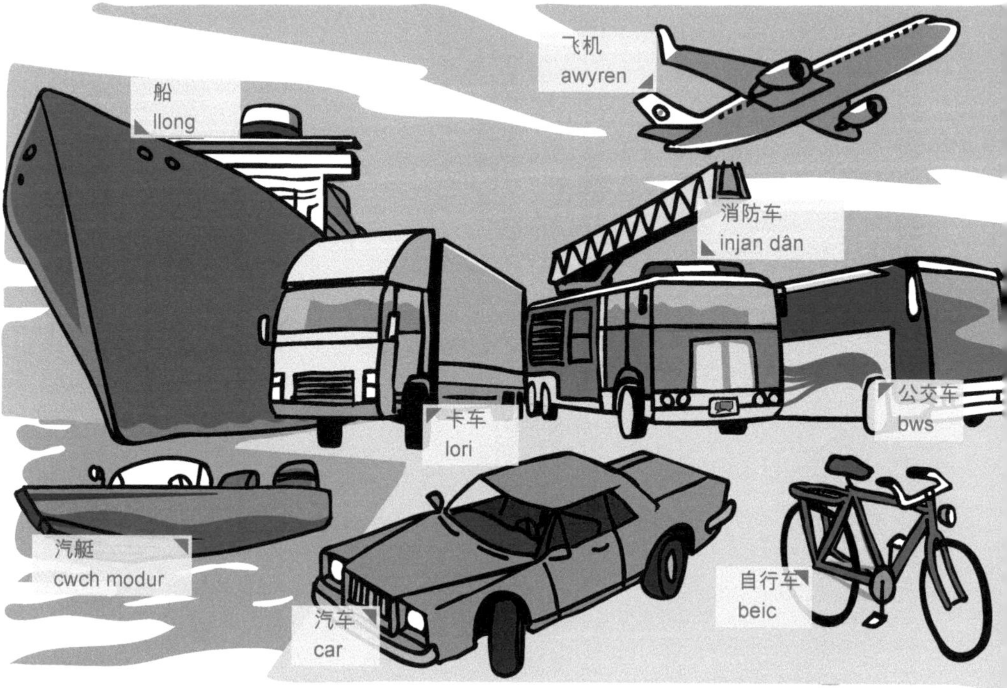

飞机
awyren
船
llong
消防车
injan dân
公交车
bws
卡车
lori
汽艇
cwch modur
自行车
beic
汽车
car

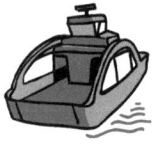

摆渡船

fferi

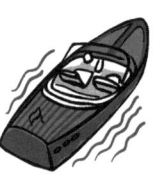

小船

cwch

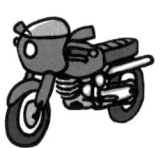

摩托车

beic modur

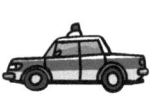

警车

car yr heddlu

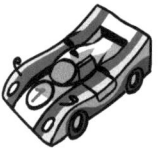

赛车

car rasio

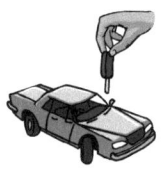

租车

car wedi'i rentu

拼车

rhannu car

拖车

lori tynnu

垃圾车

lori ysbwriel

发动机

modur

汽油

tanwydd

加油站

gorsaf betrol

交通标志

arwydd traffig

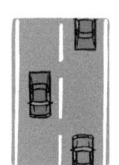

交通

traffig

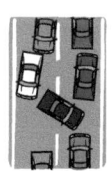

交通堵塞

tagfa draffig

停车场

maes parcio

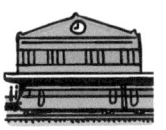

火车站

gorsaf drennau

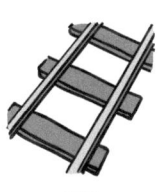

轨道

traciau

火车

trên

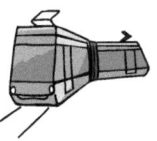

电车

tram

货车

wagen

直升机

hofrennydd

机场

maes awyr

塔

twr

乘客

teithiwr

集装箱

cynhwysydd

纸板箱

paced

手推车

cert

篮子

basged

起飞/降落

esgyn / glanio

城市

dinas

村庄

pentref

市中心

canol y ddinas

房子

tŷ

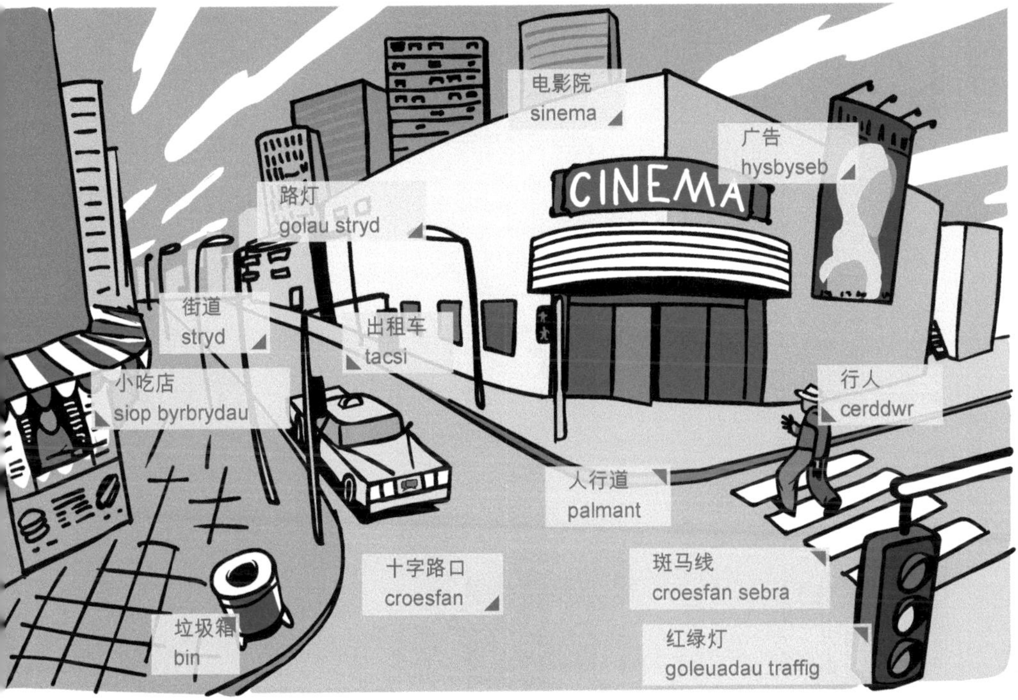
电影院
sinema
广告
hysbyseb
CINEMA
路灯
golau stryd
街道
stryd
出租车
tacsi
小吃店
siop byrbrydau
行人
cerddwr
人行道
palmant
十字路口
croesfan
斑马线
croesfan sebra
垃圾箱
bin
红绿灯
goleuadau traffig

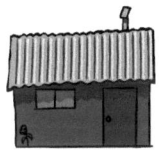

小屋

cwt

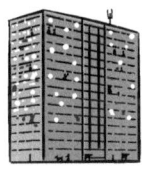

公寓

fflat

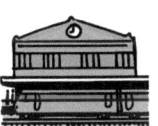

火车站

gorsaf drennau

市政厅

neuadd y dref

MUSEUM

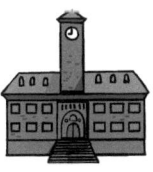

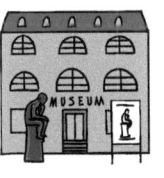

博物馆

amgueddfa

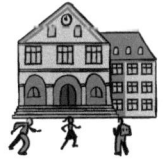

学校

ysgol

大学

prifysgol

银行

banc

医院

ysbyty

酒店

gwesty

药房

fferyllfa

办公室

swyddfa

书店

siop lyfrau

商店

siop

花店

siop flodau

超市

archfarchnad

市场

farchnad

百货商店

siop adrannol

鱼店

siop bysgod

购物中心

canolfan siopa

海港

harbwr

公园

parc

长凳

banc

桥

pont

楼梯

grisiau

地铁

rheilffordd danddaearol

隧道

twnnel

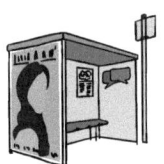

公交车站

safle bws

酒吧

bar

餐馆

bwyty

邮筒

blwch post

路标

arwydd stryd

停车计时器

mesurydd parcio

动物园

sŵ

游泳馆

pwll nofio

清真寺

mosg

农场

fferm

污染

llygredd

基地

mynwent

教堂

eglwys

操场

maes chwarae

寺庙

teml

地形

tirwedd

树叶
deilen

指示牌
arwydd cyfeirio

路
ffordd

草地
dôl

石头
carreg

树
coeden

徒步旅行者
heiciwr

河
afon

草
glaswellt

花
blodyn

峡谷

cwm

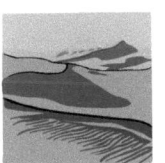

山

bryn

湖

llyn

森林

coedwig

沙漠

anialwch

火山

llosgfynydd

城堡

castell

彩虹

enfys

蘑菇

madarchen

棕榈树

palmwydden

蚊子

mosgito

苍蝇

pryf

蚂蚁

morgrugyn

蜜蜂

gwenyn

蜘蛛

pryf copyn

甲虫
chwilen

青蛙
llyffant

松鼠
gwiwer

刺猬
draenog

野兔
ysgyfarnog

猫头鹰
tylluan

鸟
aderyn

天鹅
alarch

野猪
baedd

鹿
carw

麋鹿
elc

水坝
argae

风力发电机
tyrbin gwynt

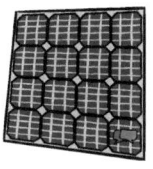

太阳能电池板
panel haul

气候
hinsawdd

服务员
gweinydd

菜单
bwydlen

椅子
cadair

披萨饼
pitsa

汤
cawl

餐具
cyllyll a ffyrc

桌布
lliain bwrdd

前菜

cwrs cyntaf

主菜

prif gwrs

甜点

pwdin

饮料

diodydd

食物

bwyd

瓶子

potel

快餐

bwyd cyflym

街边小吃

bwyd y stryd

茶壶

tebot

糖盒

powlen siwgr

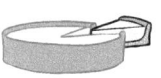

一份饭菜

dogn

意式咖啡机

peiriant espresso

高脚椅

cadair plentyn

账单

bil

托盘

hambwrdd

刀

cyllell

餐叉

fforc

勺子

llwy

茶匙

llwy de

餐巾

napcyn

玻璃杯

gwydr

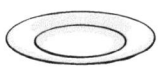

碟子

plât

汤盘

plât cawl

碟子

soser

酱

saws

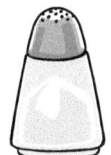

盐瓶

pot halen

胡椒磨

melin bupur

醋

finegr

食用油

olew

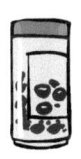

调味料

sbeisys

番茄酱

saws coch

芥末

mwstard

蛋黄酱

mayonnaise

超市

archfarchnad

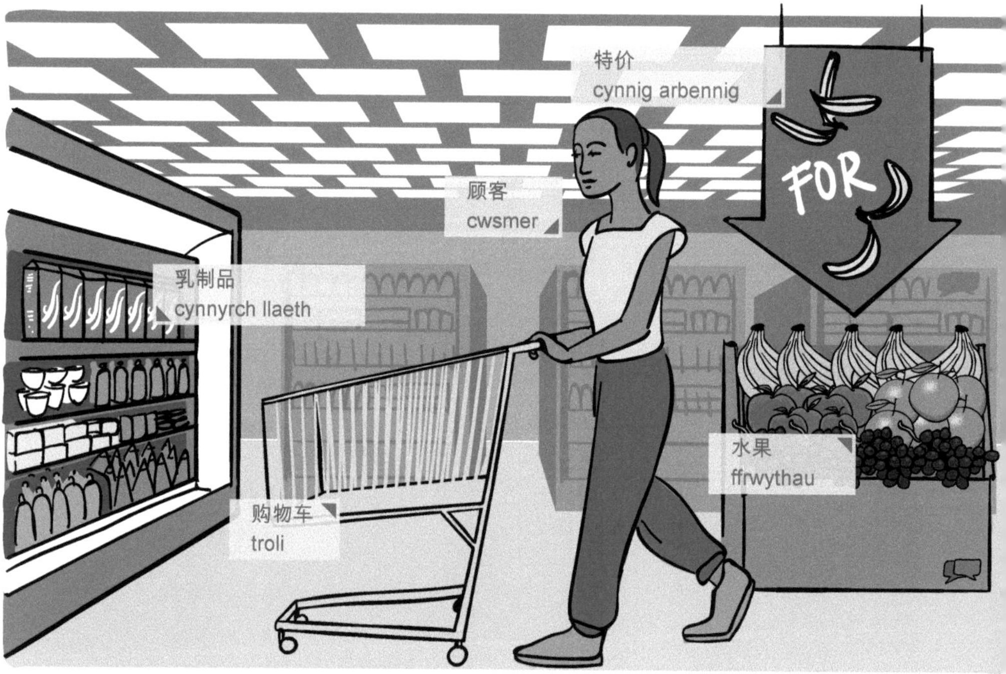

特价
cynnig arbennig
顾客
cwsmer
乳制品
cynnyrch llaeth
FOR
水果
ffrwythau
购物车
troli

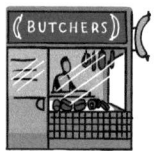

BUTCHERS

肉铺

siop gig

BAKERY

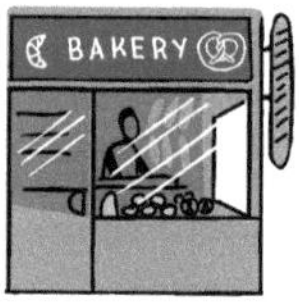

面包房

siop fara

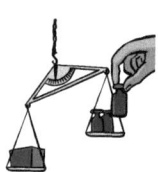

称重

pwyso

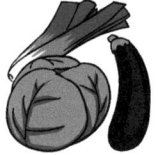

蔬菜

llysiau

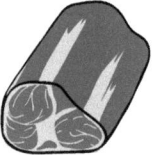

肉

cig

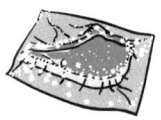

冷冻食品

Bwyd wedi'i rewi

冷盘
cig oer

罐头食品
bwyd tun

洗衣粉
powdr golchi

甜食
da-da

日用品
cynnyrch cartref

清洁用品
cynhyrchion glanhau

销售员
gwerthwraig

收银机
til

收银员
ariannwr

购物清单
rhestr siopa

开放时间
oriau agor

钱包
waled

信用卡
cerdyn credyd

袋子
bag

塑料袋
bag plastig

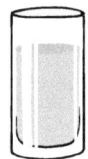

水

dŵr

果汁

sudd

牛奶

llefrith

可乐

côc

红酒

gwin

啤酒

cwrw

酒

alcohol

可可

coco

茶

te

咖啡

coffi

意式浓缩咖啡

espresso

卡布奇诺

cappuccino

香蕉

ffrwchledd

苹果

afal

橙子

oren

西瓜

melon

柠檬

lemwn

胡萝卜

moronen

大蒜

garlleg

竹子

bambŵ

洋葱

nionyn

蘑菇

madarchen

坚果

cnau

面条

nwdls

意大利面条

sbageti

米饭

reis

沙拉

salad

薯条

sglodion

炸土豆

tatws wedi'u ffrïo

披萨饼

pitsa

汉堡包

hambyrger

三明治

brechdan

炸猪排

cytled

火腿

ham

萨拉米

salami

香肠

selsig

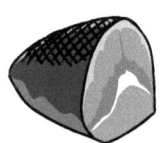

鸡肉

cyw iâr

烤肉

rhost

鱼

pysgodyn

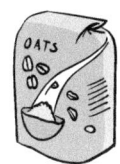

燕麦片

ceirch uwd

穆兹利

miwsli

玉米片

creision ŷd

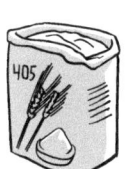

面粉

blawd

羊角面包

croissant

面包卷

bynsen

面包

bara

烤面包

tost

饼干

bisgedi

黄油

menyn

凝乳

ceuled

蛋糕

teisen

蛋

wy

煎蛋

wy wedi'i ffrïo

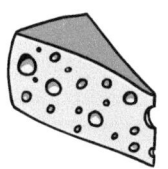

奶酪

caws

食物 - bwyd

冰激凌

hufen iâ

糖

siwgr

蜂蜜

mêl

果酱

jam

巧克力酱

siocled taenu

咖喱饭

cyri

农场

fferm

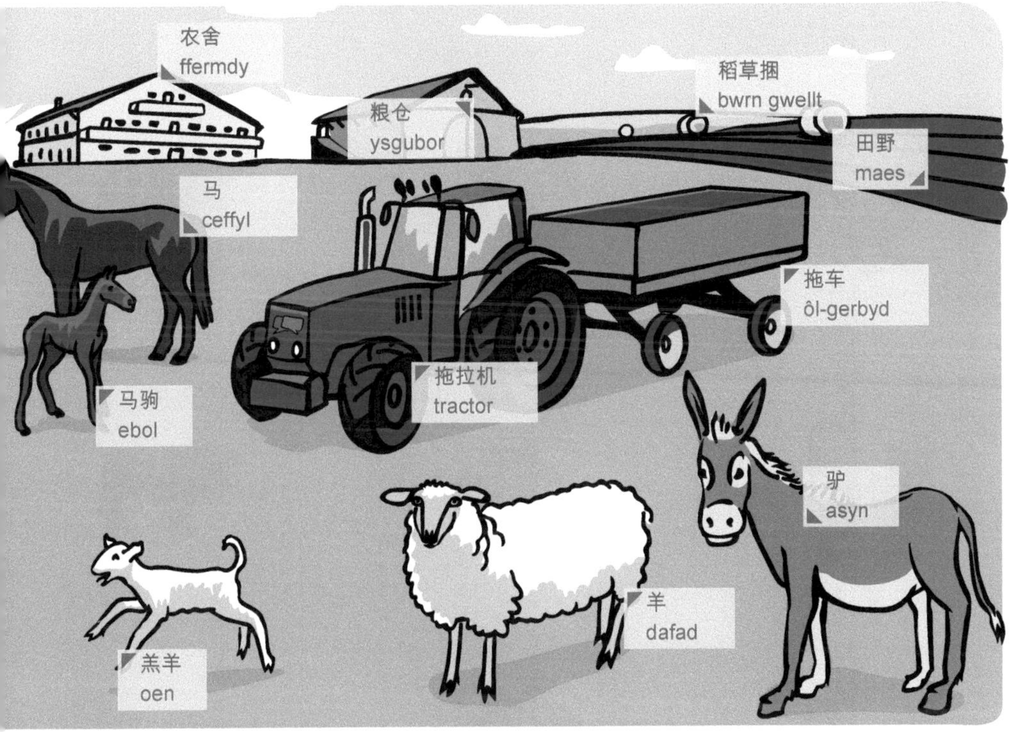

农舍
ffermdy
粮仓
ysgubor
稻草捆
bwrn gwellt
田野
maes
马
ceffyl
拖车
ôl-gerbyd
拖拉机
tractor
马驹
ebol
驴
asyn
羊
dafad
羔羊
oen

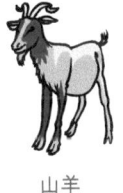

山羊

gafr

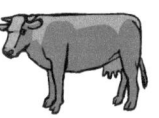

奶牛

buwch

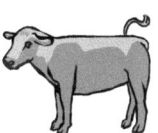

牛犊

llo

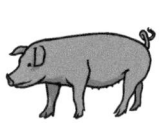

猪

mochyn

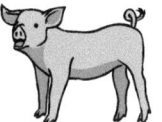

小猪

porchell

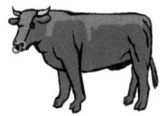

公牛

tarw

鹅

gwydd

鸭

hwyaden

小鸡

cyw

母鸡

iâr

公鸡

ceiliog

鼠

llygoden fawr

猫

cath

老鼠

llygoden

牛

ych

狗

ci

狗屋

cwt ci

花园浇水软管

pibell ddŵr

洒水壶

can dŵr

长柄大镰刀

pladur

犁

aradr

镰刀

cryman

锄头

fforch chwynu

长柄草耙

picwarch

斧头

bwyell

独轮手推车

berfa

饲料槽

cafn

牛奶罐

tun llefrith

麻布袋

sach

栅栏

ffens

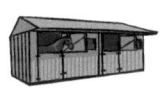

马厩

stabl

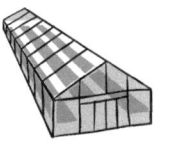

温室

tŷ gwydr

土壤

pridd

种子

hedyn

肥料

gwrtaith

联合收割机

dyrnwr medi

收割

cynaeafu

收割

cynhaeaf

山药

iamau

小麦

gwenith

大豆

soi

土豆

tysen

玉米

grawn

油菜籽

had rêp

果树

coeden ffrwythau

树薯

manioc

谷物

grawnfwydydd

烟囱
simnai

屋顶
to

落水管
peipen law

窗户
ffenestr

车库
garej

门铃
cloch y drws

门
drws

垃圾桶
bin sbwriel

信箱
blwch post

花园
gardd

客厅

lolfa

浴室

ystafell ymolchi

厨房

cegin

卧室

ystafell wely

儿童房

ystafell plentyn

餐厅

ystafell fwyta

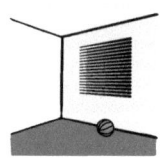

地板
llawr

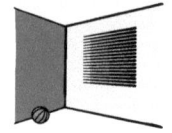

墙壁
wal

吊顶
nenfwd

地窖
seler

桑拿
sawna

阳台
balconi

露台
teras

游泳池
pwll

割草机
peiriant torri gwair

被单
taflen

床罩
gorchudd gwely

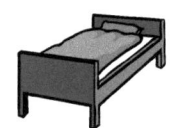

床
gwely

扫帚
ysgub

水桶
bwced

开关
swits

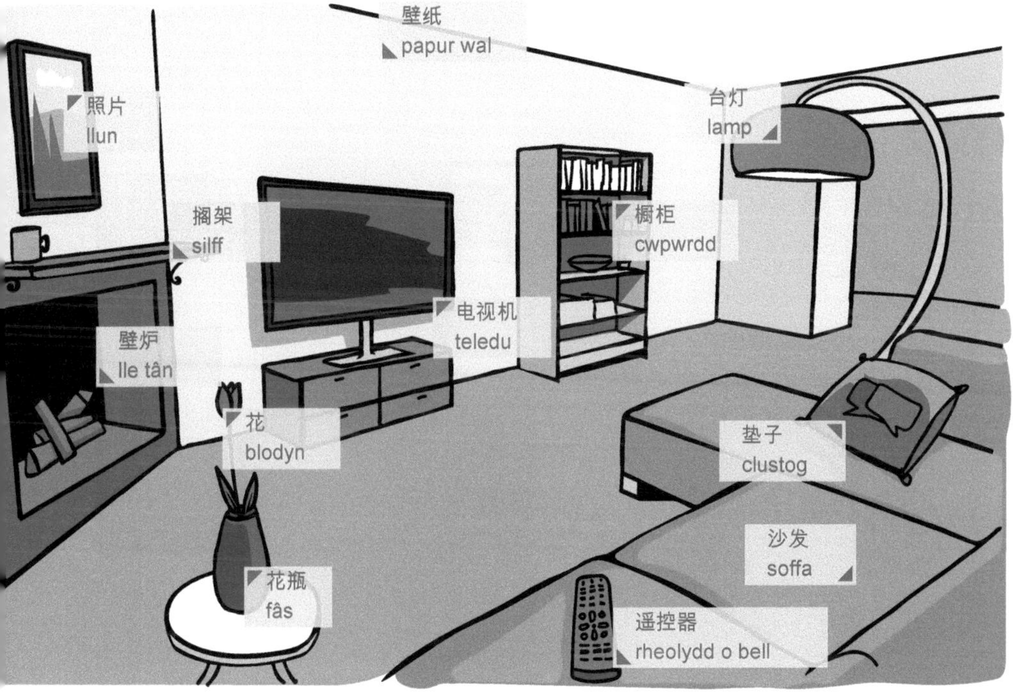

壁纸
papur wal

照片
llun

台灯
lamp

搁架
silff

橱柜
cwpwrdd

电视机
teledu

壁炉
lle tân

花
blodyn

垫子
clustog

沙发
soffa

花瓶
fâs

遥控器
rheolydd o bell

地毯
carped

窗帘
llen

餐桌
bwrdd

椅子
cadair

摇椅
cadair siglo

扶手椅
cadair freichiau

书

llyfr

毯子

blanced

装饰品

addurn

木柴

coed tân

电影

ffilm

高保真音响

hi-fi

钥匙

agoriad

报纸

papur newydd

油画

darlun

海报

poster

收音机

radio

笔记本

llyfr nodiadau

吸尘器

hwfer

仙人掌

cactws

蜡烛

cannwyll

厨房
cegin

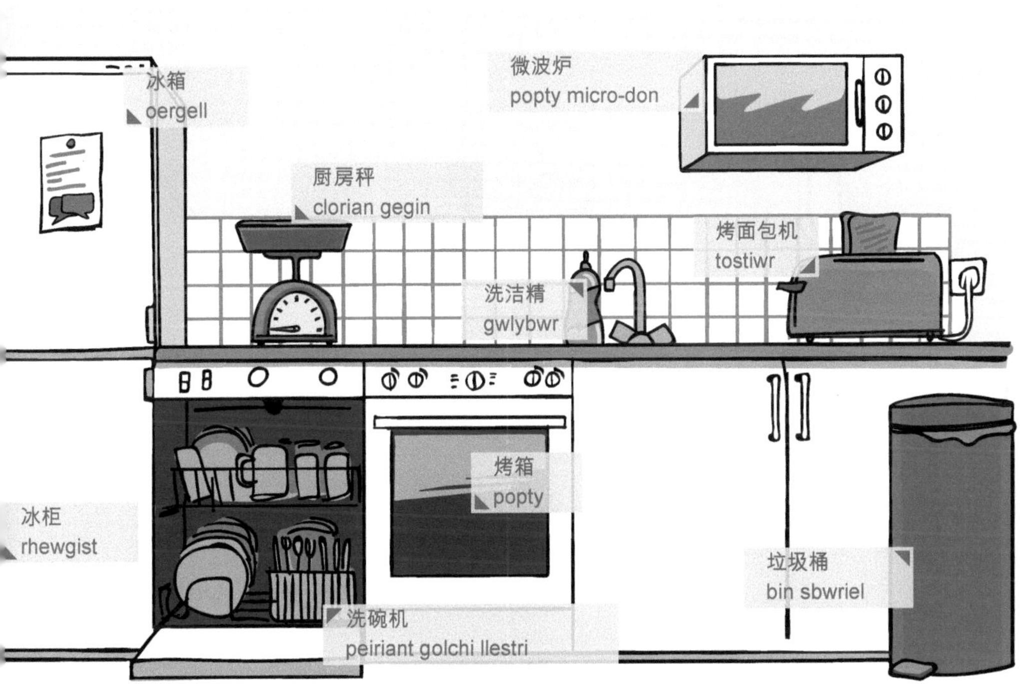
冰箱
oergell
微波炉
popty micro-don
厨房秤
clorian gegin
烤面包机
tostiwr
洗洁精
gwlybwr
烤箱
popty
冰柜
rhewgist
垃圾桶
bin sbwriel
洗碗机
peiriant golchi llestri

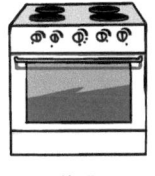

炊具

popty

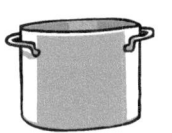

锅

pot

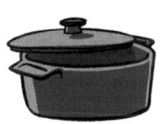

铸铁锅

pot haearn bwrw

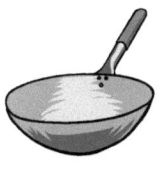

炒锅

wok / kadai

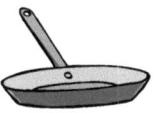

平底锅

padell

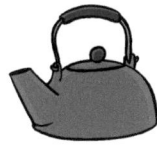

水壶

tegell

蒸锅

sosban stemio

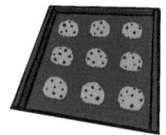

烤盘

hambwrdd pobi

陶瓷锅

llestri

马克杯

mwg

碗

powlen

筷子

gweill bwyta

长柄勺

lletwad

铲子

ysbodol

搅拌器

chwisg

滤网

hidlydd

筛子

gogr

磨碎机

gratiwr

研钵

morter

烧烤

barbeciw

明火

tân agored

菜板

bwrdd torri cig

擀面杖

rholbren

开瓶器

tynnwr corcyn

罐子

tun

开罐器

peth agor tuniau

隔热手套

clwt pot

水槽

sinc

刷子

brws

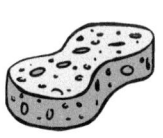

海绵

sbwng

搅拌机

peiriant cymysgu

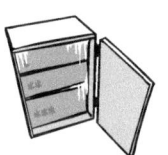

冷藏箱

rhewgell

奶瓶

potel babı

水龙头

tap

浴室
ystafell ymolchi

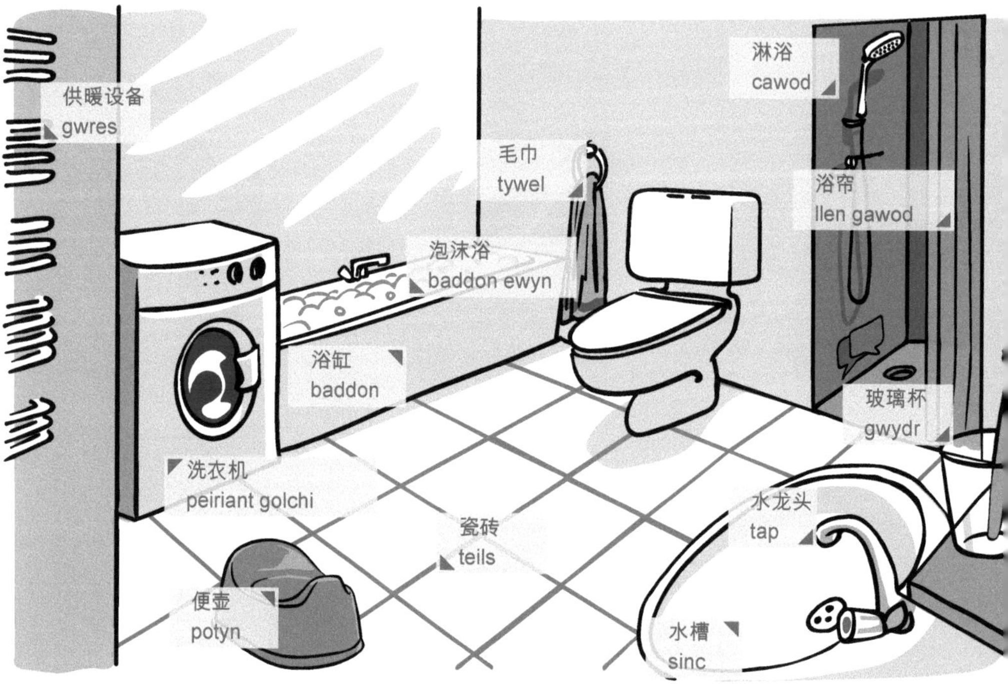

供暖设备
gwres
淋浴
cawod
毛巾
tywel
浴帘
llen gawod
泡沫浴
baddon ewyn
浴缸
baddon
玻璃杯
gwydr
洗衣机
peiriant golchi
水龙头
tap
瓷砖
teils
便壶
potyn
水槽
sinc

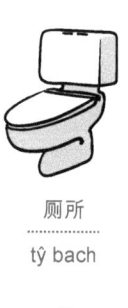

厕所
tŷ bach

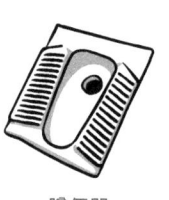

蹲便器
toiled cyrcydu

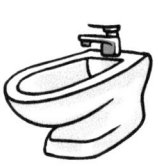

坐浴器
bidet

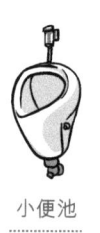

小便池
troethfa

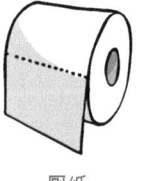

厕纸
papur tŷ bach

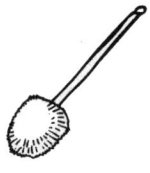

马桶刷
brws tŷ bach

牙刷
brws dannedd

牙膏
past dannedd

牙线
edau ddannedd

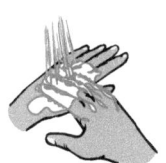

洗
golchi

手持式喷淋头
cawod llaw

冲洗器
golchfa

洗脸盆
basn

擦背刷
brws-ôl

肥皂
sebon

沐浴露
gel cawod

洗发水
siampŵ

法兰绒
gwlanen

排水
ffos

乳霜
hufen

除臭剂
diaroglydd

镜子

drych

手镜

drych llaw

剃须刀

rasel

剃须泡沫

ewyn eillio

须后水

sent eillio

梳子

crib

刷子

brws

吹风机

sychwr gwallt

喷发定型剂

chwistrell gwallt

化妆品

colur

唇膏

minlliw

指甲油

farnais ewinedd

化妆棉

gwlân cotwm

指甲剪

siswrn ewinedd

香水

persawr

洗漱包

bag ymolchi

凳子

stôl

计重秤

clorian

浴袍

gŵn baddon

橡胶手套

menig rwber

卫生棉条

tampon

卫生巾

tywel misglwyf

化学厕所

toiled cemegol

儿童房
ystafell plentyn

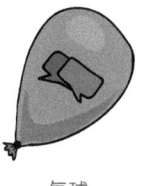

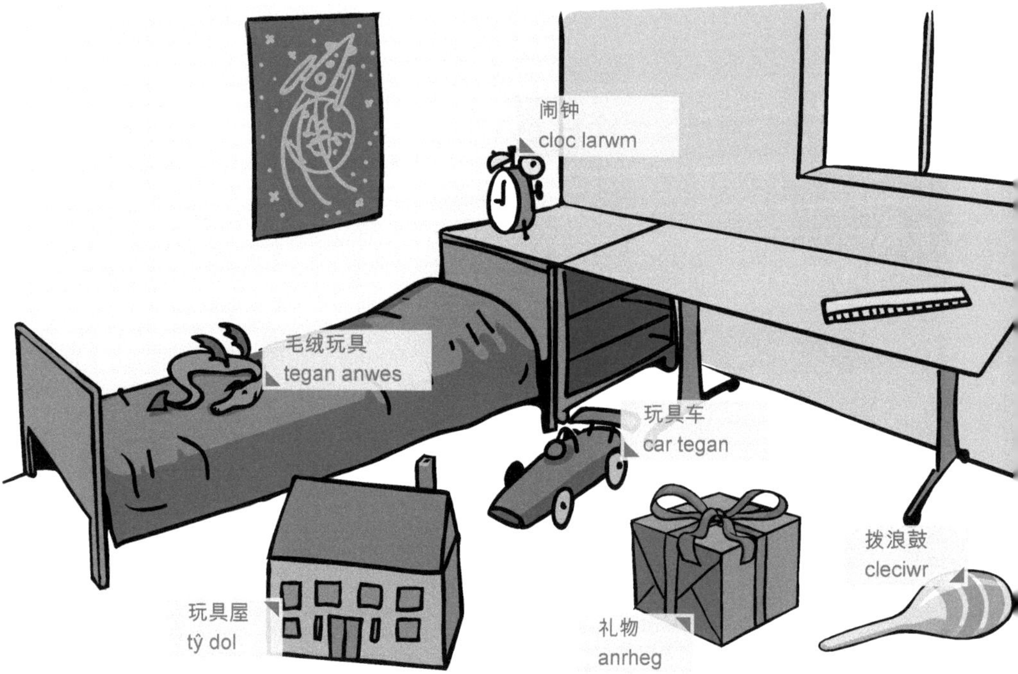
闹钟
cloc larwm
毛绒玩具
tegan anwes
玩具车
car tegan
拨浪鼓
cleciwr
玩具屋
tŷ dol
礼物
anrheg

气球

balŵn

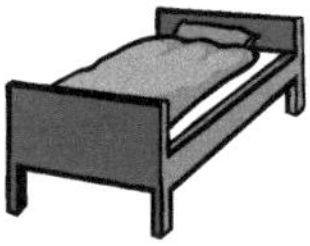

床

gwely

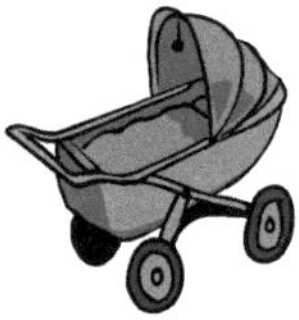

（洋娃娃用）婴儿车

pram

扑克牌

pecyn o gardiau

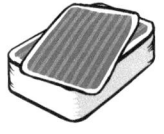

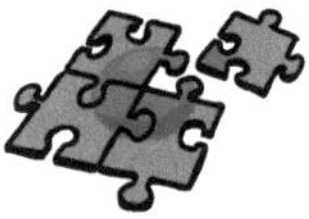

拼图

jig-so

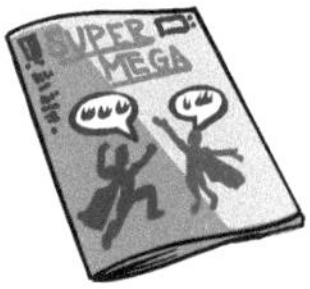
SUPER
MEGA

漫画

comic

乐高积木

brics Lego

积木玩具

blociau adeiladu

玩具人

ffigur gweithredu

婴儿服

babygro

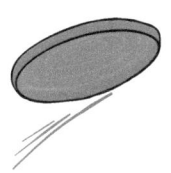

飞盘

ffrisbi

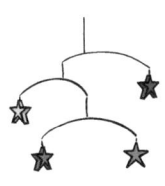

床铃玩具

ffôn symudol

棋盘游戏

gêm fwrdd

骰子

deis

火车模型

set model trên

安抚奶嘴

teth lwgu

聚会

parti

绘本

llytr lluniau

球

pêl

洋娃娃

dol

玩

chwarae

沙坑

pwll tywod

秋千

swing

玩具

teganau

游戏机

consol gemau fideo

三轮车

beic tair olwyn

泰迪熊

tedi

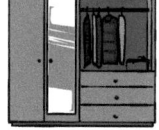

衣柜

cwpwrdd dillad

衣服

dillad

袜子

hosanau

长袜

hosanau

紧身裤

teits

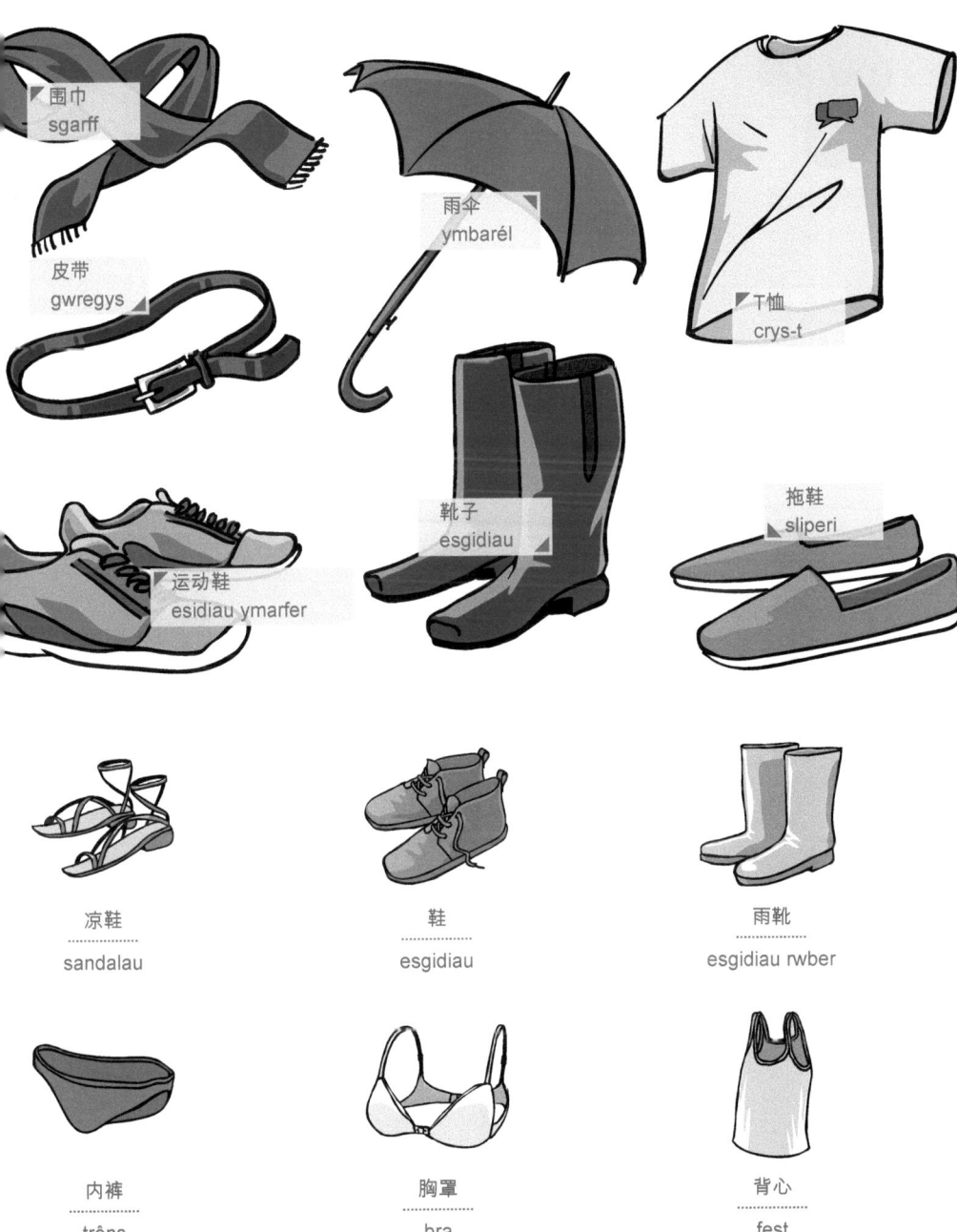

围巾
sgarff

雨伞
ymbarél

T恤
crys-t

皮带
gwregys

靴子
esgidiau

拖鞋
sliperi

运动鞋
esidiau ymarfer

凉鞋
sandalau

鞋
esgidiau

雨靴
esgidiau rwber

内裤
trôns

胸罩
bra

背心
fest

衣服 - dillad

身体
corff

裤子
trowsus

牛仔裤
jîns

短裙
sgert

女式衬衫
blows

衬衫
crys

套头衫
pwlofer

卫衣
hwdi

西装夹克
blaser

夹克
siaced

外套
côt

雨衣
côt law

套装
gwisg

连衣裙
gŵn

婚纱
gwisg briodas

46   衣服 - dillad

西装
siwt

睡袍
gŵn nos

睡衣
pyjamas

莎丽
sari

头巾
sgarff pen

包头巾
tyrban

波卡
bwrca

卡夫坦
cafftan

(阿拉伯式)长袍长袍
abaya

泳衣
gwisg nofio

男式泳裤
trowsus nofio

短裤
siorts

运动服
tracwisg

围裙
ffedog

手套
menig

纽扣
botwm

眼镜
sbectol

手链
breichled

项链
cadwyn

戒指
modrwy

耳环
clustdlws

便帽
cap

衣架
cambren

帽子
het

领带
tei

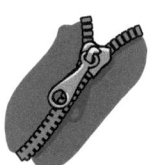

拉链
sip

头盔
helmed

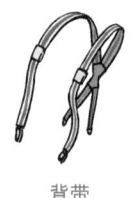

背带
fframiau danedd

校服
gwisg ysgol

制服
gwisg

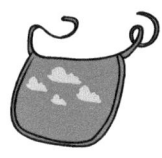

围兜

bib

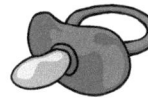

安抚奶嘴

teth lwgu

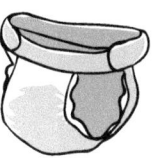

尿不湿

cewyn

办公室

swyddfa

服务器
gweinydd
文件柜
cwrpwrdd ffeilio
纸
papur
打印机
argraffydd
显示屏
monitor
办公桌
desg
鼠标
llygoden
文件夹
ffolder
键盘
bysellfwrdd
废纸篓
basged papur gwastraff
电脑
cyfrifiadur
椅子
cadair

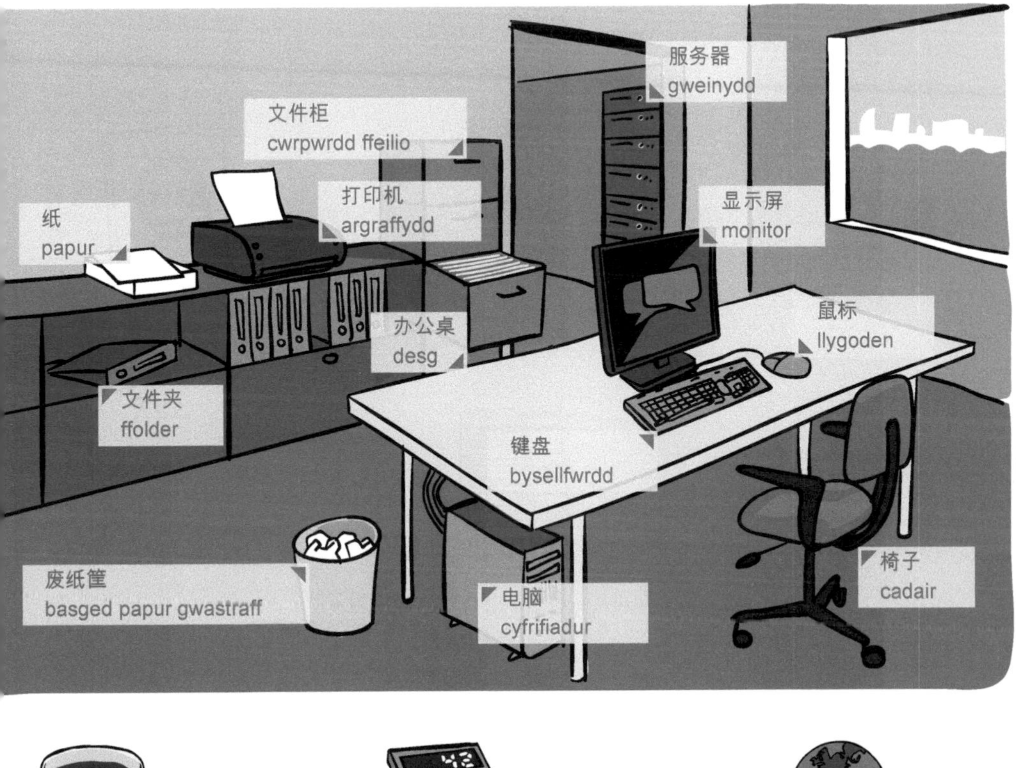

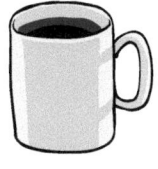

咖啡杯

mwg coffi

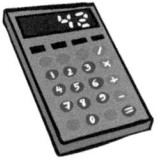

计算器

cyfrifiannell

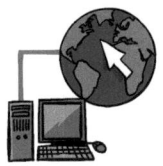

因特网

rhyngrwyd

笔记本电脑
gliniadur

信件
llythyr

消息
neges

手机
ffôn symudol

网络
rhwydwaith

复印机
llungopïwr

软件
meddalwedd

电话
teleffon

插座
soced plwg

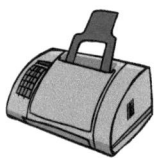

传真机
peiriant ffacs

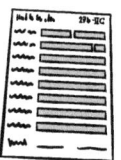

表格
ffurflen

文件
dogfen

买

prynu

付钱

talu

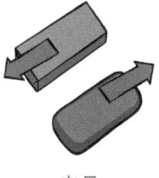

交易

masnachu

现金

arian

美元

doler

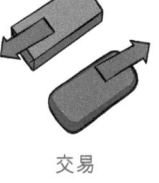

欧元

ewro

日元

yen

卢布

rwbl

瑞士法郎

ffranc y Swistir

人民币

yuan renminbi

卢比

rwpi

提款处

peiriant arian

外币兑换处

swyddfa gyfnewid

金

aur

银

arian

石油

olew

能源

ynni

价格

pris

合同

contract

税金

treth

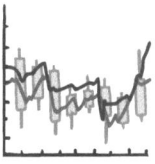

股票

stoc

工作

gweithio

职员

cyflogai

老板

cyflogwr

工厂

ffatri

商店

siop

职业
swyddi

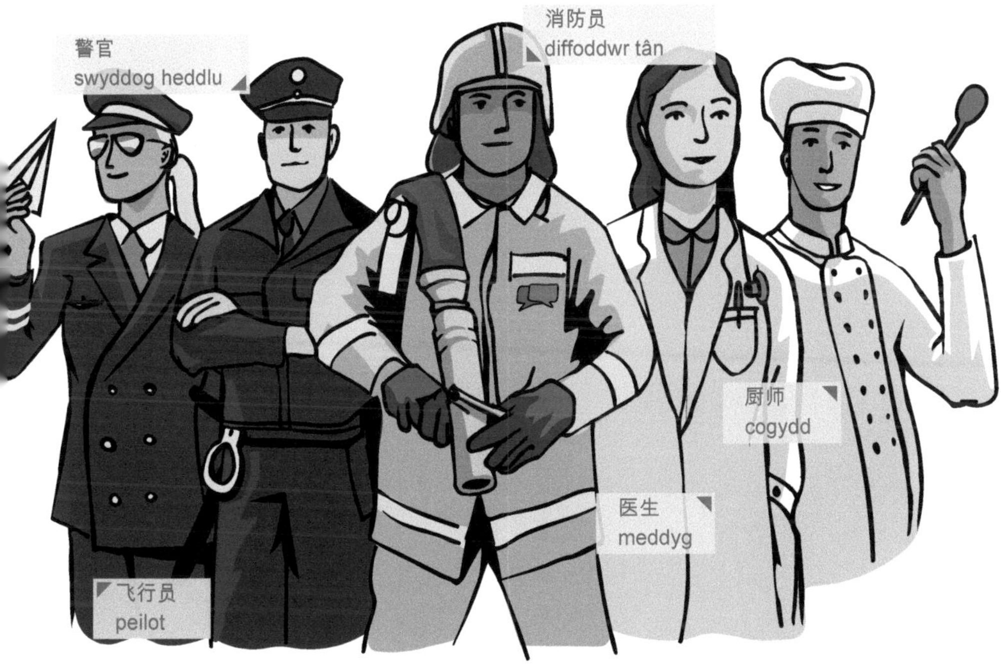
警官
swyddog heddlu
消防员
diffoddwr tân
厨师
cogydd
医生
meddyg
飞行员
peilot

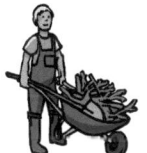

园丁

garddwr

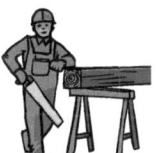

木匠

saer

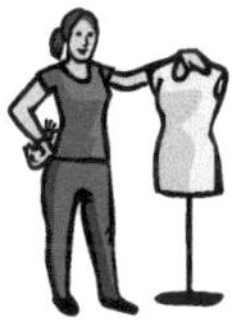

裁缝

gwniadwraig

法官

barnwr

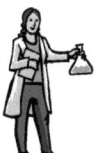

化学家

fferyllydd

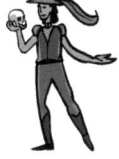

演员

actor

公交车司机

gyrrwr bws

出租车司机

gyrrwr tacsi

渔夫

pysgotwr

清洁女工

glanhawraig

屋顶工

töwr

服务员

gweinydd

猎人

heliwr

画家

paentiwr

面包师

pobydd

电工

trydanwr

建筑工人

adeiladwr

工程师

peiriannydd

屠夫

cigydd

水管工

plymiwr

邮递员

dyn y post

士兵

milwr

建筑师

pensaer

收银员

ariannwr

花农

gwerthwr blodau

理发师

triniwr gwallt

售票员

archwiliwr tocynnau rheilffordd

机械师

mecanydd

船长

capten

牙医

deintydd

科学家

gwyddonydd

拉比

rabi

伊玛目

imam

和尚

mynach

牧师

clerigwr

工具
offer

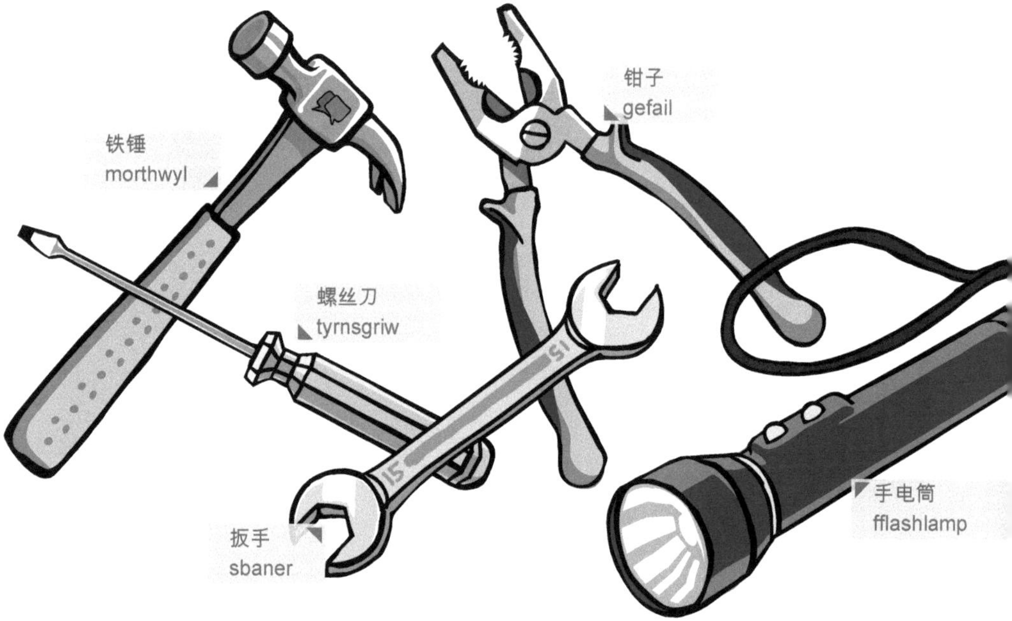

铁锤
morthwyl
钳子
gefail
螺丝刀
tyrnsgriw
扳手
sbaner
手电筒
fflashlamp

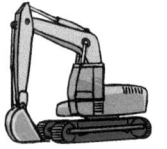

挖掘机
turiwr

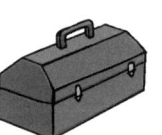

工具箱
blwch offer

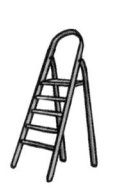

梯子
ysgol

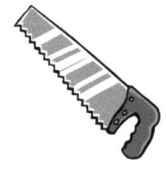

锯子
llif

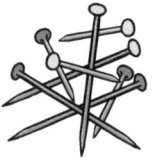

钉子
hoelion

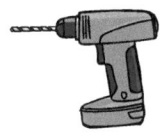

钻机
dril

修
trwsio

铲子
rhaw

靠！
Daria!

簸箕
rhaw lwch

油漆桶
pot paent

螺丝
sgriwiau

乐器
offerynnau cerdd

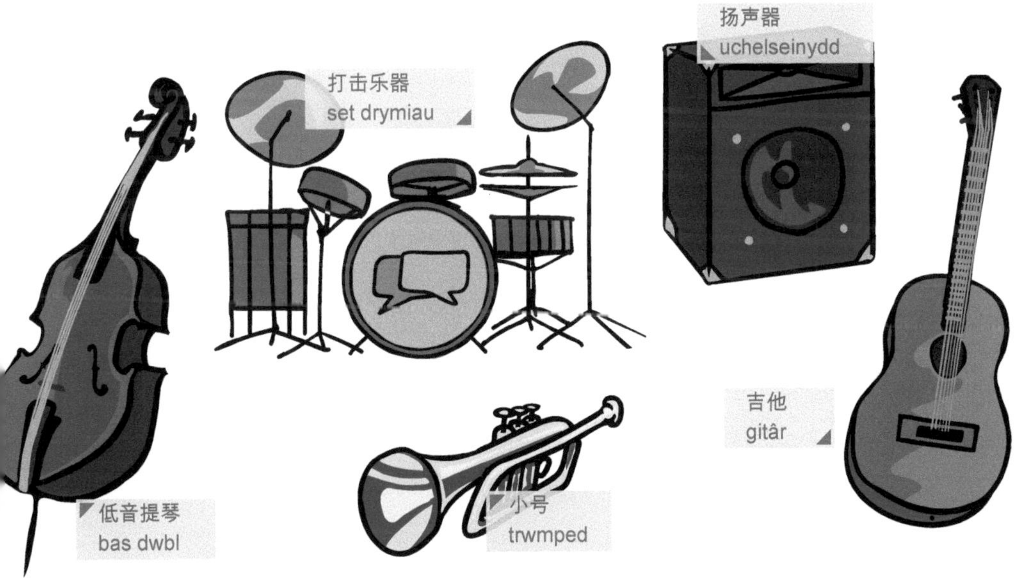

打击乐器
set drymiau

扬声器
uchelseinydd

吉他
gitâr

低音提琴
bas dwbl

小号
trwmped

钢琴
piano

小提琴
ffidil

贝斯
bas

定音鼓
timpani

鼓
drymiau

电子琴
cyweirfwrdd

萨克斯管
sacsoffon

长笛
ffliwt

麦克风
meicroffon

动物园

sŵ

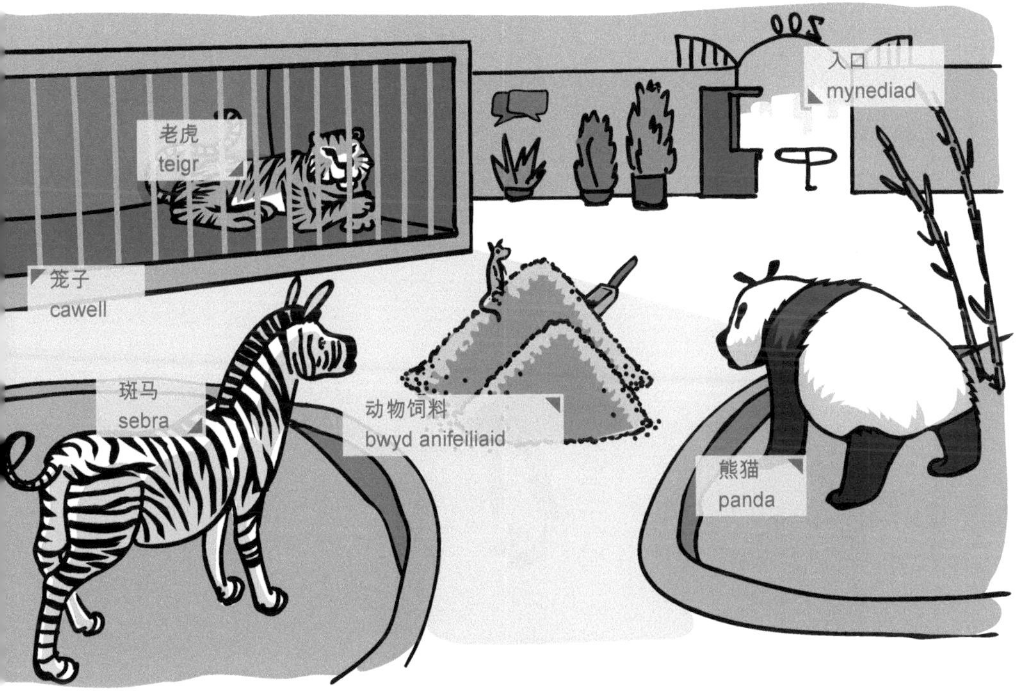

入口
mynediad
老虎
teigr
笼子
cawell
斑马
sebra
动物饲料
bwyd anifeiliaid
熊猫
panda

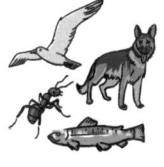

动物

anifeiliaid

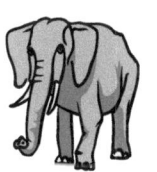

大象

eliffant

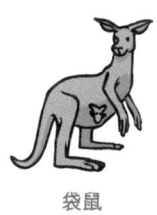

袋鼠

cangarŵ

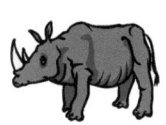

犀牛

rhinoseros

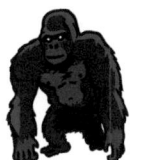

大猩猩

gorila

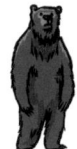

熊

arth

骆驼

camel

鸵鸟

estrys

狮子

llew

猴子

mwnci

火烈鸟

fflamingo

鹦鹉

parot

北极熊

arth wen

企鹅

pengwin

鲨鱼

siarc

孔雀

paun

蛇

neidr

鳄鱼

crocodeil

动物园管理员

gofalwr sŵ

海豹

morlo

美洲豹

jagwar

矮种马

merlyn

豹

llewpard

河马

hipo

长颈鹿

jiráff

老鹰

eryr

野猪

baedd

鱼

pysgodyn

龟

crwban

海象

walrws

狐狸

llwynog

羚羊

gafrewig

橄榄球
pêl-droed America

骑自行车
beicio

网球
tennis

篮球
pêl-fasged

游泳
nofio

拳击
bocsio

冰球
hoci iâ

英式足球
pêl-droed

羽毛球
badminton

田径
athletau

手球
pêl-law

滑雪
sgïo

马球
polo

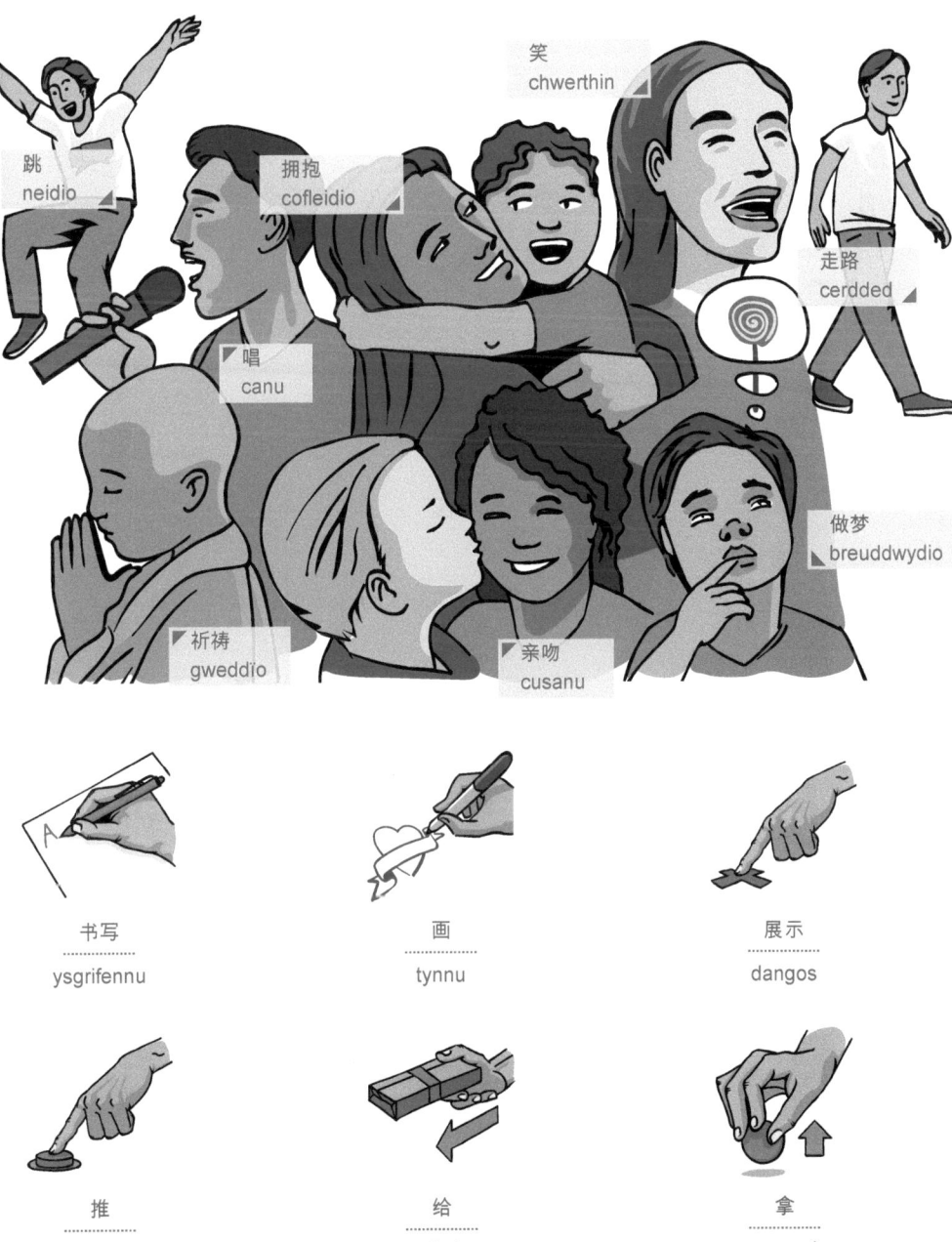

跳
neidio

笑
chwerthin

拥抱
cofleidio

走路
cerdded

唱
canu

做梦
breuddwydio

祈祷
gweddio

亲吻
cusanu

书写
ysgrifennu

画
tynnu

展示
dangos

推
gwthio

给
rhoi

拿
cymryd

有
bod gan

做
gwneud

当
bod

站
sefyll

跑
rhedeg

拉
tynnu

扔
taflu

摔倒
disgyn

躺
gorwedd

等待
aros

携带
cario

坐
eistedd

穿衣
gwisgo amdanoch

睡觉
cysgu

醒来
deffro

看
edrych ar

哭
crïo

抚摸
anwesu

梳头
cribo

交谈
siarad

明白
deall

问
gofyn

听
gwrando

喝
yfed

吃
bwyta

清理
tacluso

爱
caru

做饭
coginio

开车
gyrru

飞
hedfan

航行

hwylio

计算

cyfrifo

读

darllen

学习

dysgu

工作

gweithio

结婚

priodi

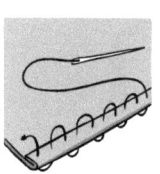

缝

gwnïo

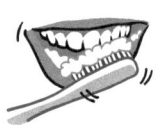

刷牙

brwsio dannedd

杀

lladd

抽烟

ysmygu

寄

anfon

祖母
nain

祖父
taid

父亲
tad

母亲
mam

婴童
baban

女儿
merch

儿子
mab

客人

gwestai

阿姨

modryb

叔叔

ewythr

兄弟

brawd

姐妹

chwaer

身体
corff

前额
talcen
眼睛
llygad
肩膀
ysgwydd
手指
bys
脸
wyneb
下巴
gên
手
llaw
乳房
bron
腿
coes
手臂
braich

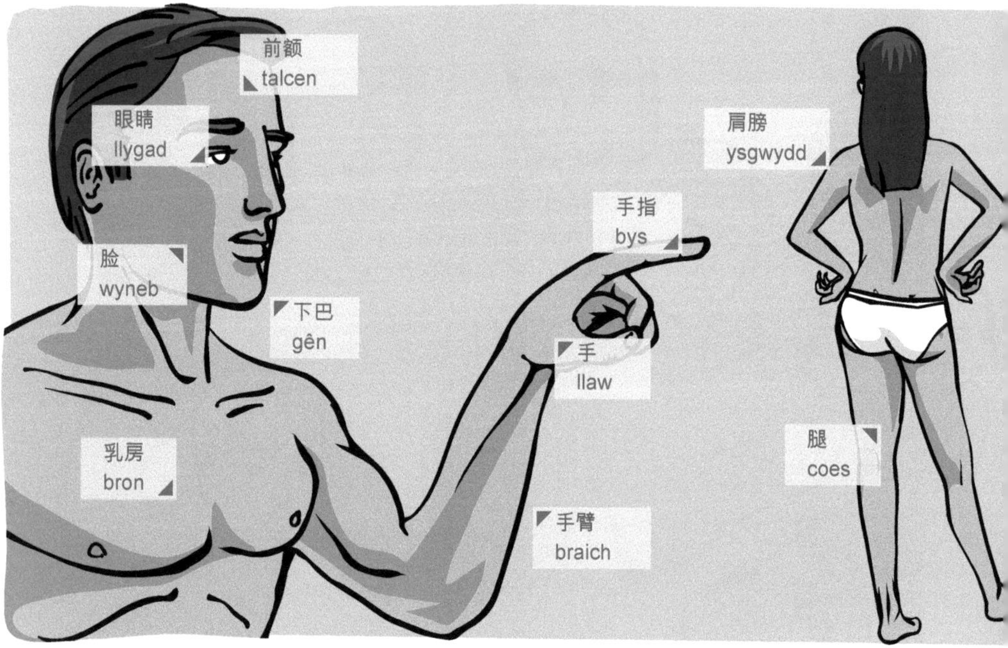

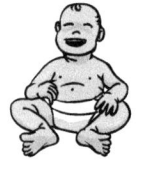

婴童
baban

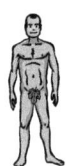

男人
dyn

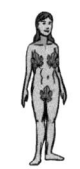

女人
gwraig

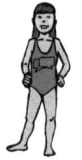

女孩
geneth

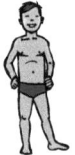

男孩
bachgen

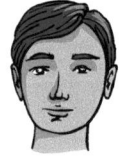

头
pen

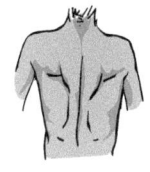

背部

cefn

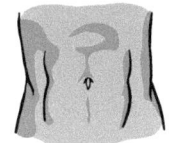

肚子

bel

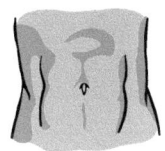

肚脐

bogail

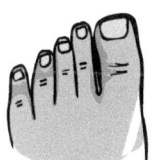

脚趾

bys troed

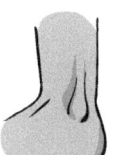

脚后跟

sawdl

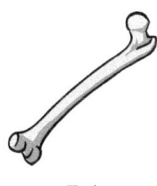

骨头

asgwrn

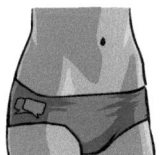

臀部

clun

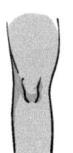

膝盖

pen-glin

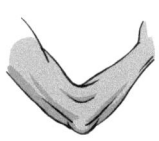

手肘

penelin

鼻子

trwyn

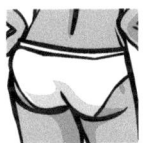

屁股

pen ôl

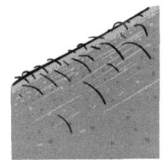

皮肤

croen

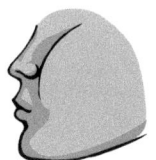

脸颊

boch

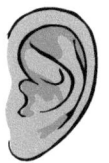

耳朵

clust

嘴唇

gwefus

嘴

ceg

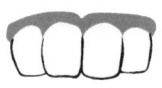

牙齿

dant

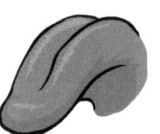

舌头

tafod

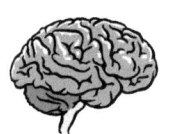

脑

ymennydd

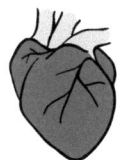

心脏

calon

肌肉

cyhyr

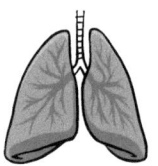

肺

ysgyfaint

肝脏

iau

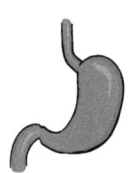

胃

stumog

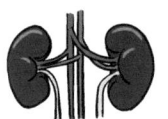

肾脏

arennau

性交

rhyw

避孕套

condom

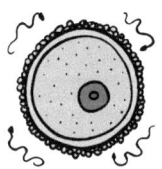

卵子

ofwm

精子

semen

怀孕

beichiogrwydd

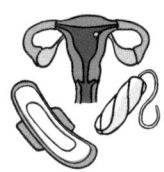

月经

mislif

阴道

fagina

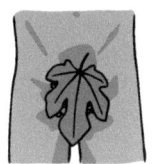

阴茎

pidyn

眉毛

ael

头发

gwallt

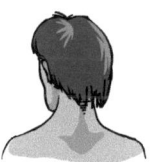

脖子

gwddf

医院
ysbyty

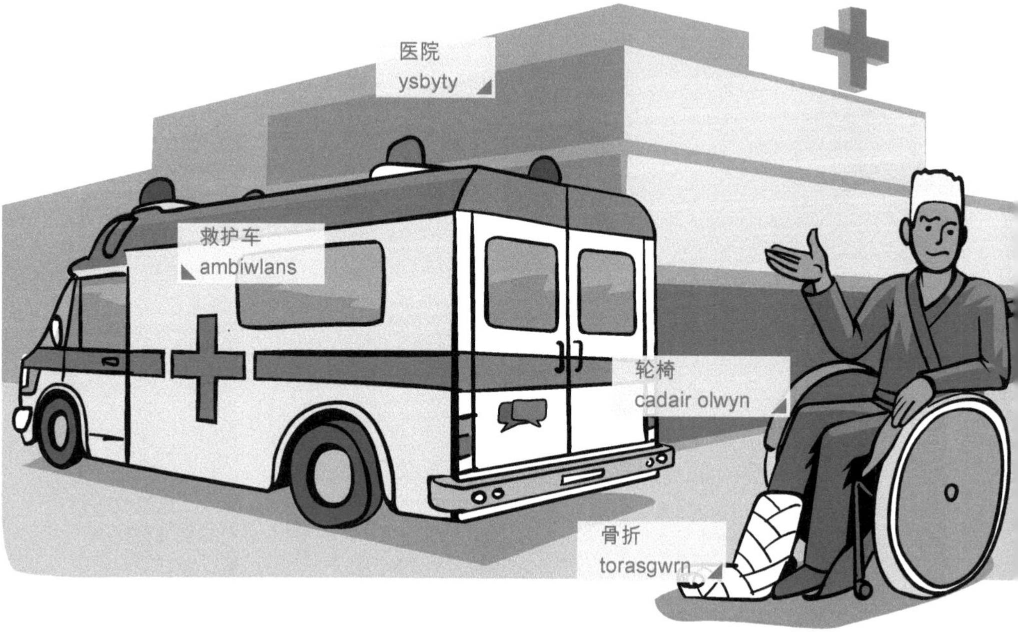

医院
ysbyty
救护车
ambiwlans
轮椅
cadair olwyn
骨折
torasgwrn

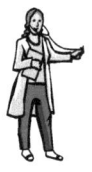

医生

meddyg

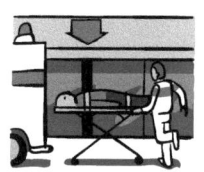

急诊室

ystafell argyfwng

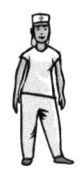

护士

nyrs

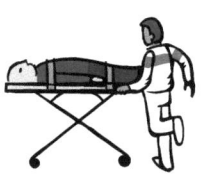

紧急情况

argyfwng

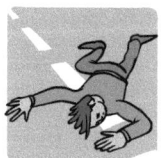

昏迷

anymwybodol

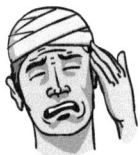

痛

poen

受伤

anaf

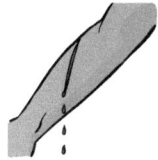

出血

gwaedu

心脏病发作

trawiad ar y galon

中风

strôc

过敏

alergedd

咳嗽

peswch

发烧

twymyn

流感

ffliw

腹泻

dolur rhydd

头痛

cur pen

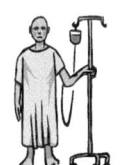

癌症

canser

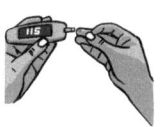

糖尿病

diabetes

外科医生

llawfeddyg

手术刀

fflaim

手术

gweithrediad

CT
CT

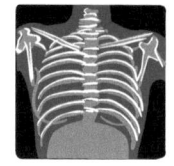

X光
pelydr-x

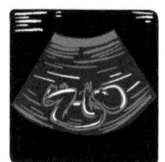

超声波
uwchsain

口罩
mwgwd wyneb

疾病
clefyd

候诊室
ystafell aros

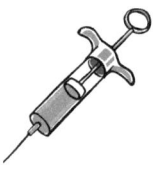

拐杖
bagl

石膏
plastr

绷带
rhwymyn

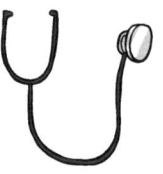

注射
pigiad

听诊器
stethosgop

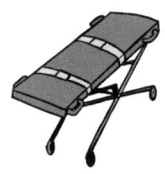

担架
elorwely

体温计
thermomedr clinigol

出生
genedigaeth

超重
dros bwysau

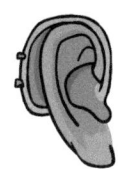

助听器

cymorth clyw

消毒液

diheintydd

感染

haint

病毒

firws

艾滋病

HIV / AIDS

药物

meddygaeth

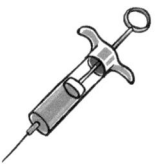

接种疫苗

brechiad

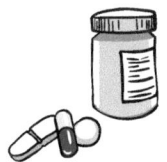

药片

tabledi

药丸

y bilsen

急救电话

galwad frys

血压计

monitor pwysau gwaed

生病/健康

yn sâl / yn iach

救命！

Help!

警报

larwm

突击

ymosodiad

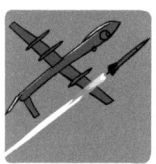

攻击

ymosodiad

危险

perygl

紧急出口

allanfa argyfwng

着火啦！

Tân!

灭火器

diffoddwr tân

意外

damwain

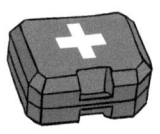

急救箱

pecyn cymorth cyntaf

呼救信号

SOS

警察

heddlu

欧洲

Ewrop

北美洲

Gogledd America

南美洲

De America

非洲

Affrica

亚洲

Asia

澳洲

Awstralia

大西洋

Iwerydd

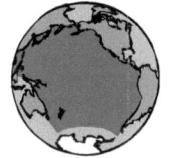

太平洋

y Môr Tawel

印度洋

Cefnfor yr India

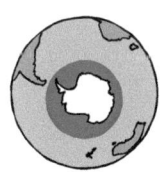

南冰洋

Cefnfor yr Antarctig

北冰洋

Cefnfor yr Arctig

北极

Pegwn y Gogledd

南极
Pegwn y De

南极洲
Antarctica

地球
y Ddaear

陆地
tir

海
môr

岛
ynys

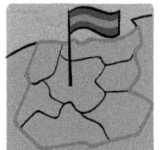

国家
cenedl

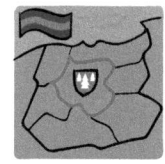

国家
gwladwriaeth

钟面

wyneb cloc

时针

bys awr

分针

bys munud

秒针

bys eiliad

现在几点？

Faint o'r gloch yw hi?

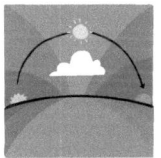

天

dydd

时间

amser

现在

yn awr

电子表

cloc digidol

分

munud

时

awr

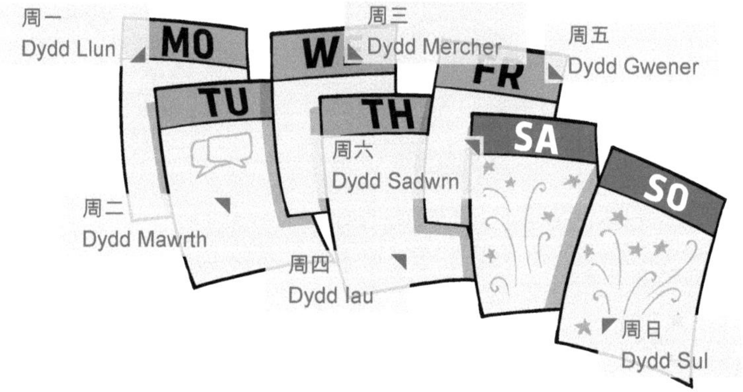

周

wythnos

周一
Dydd Llun

周三
Dydd Mercher

周五
Dydd Gwener

周二
Dydd Mawrth

周六
Dydd Sadwrn

周四
Dydd Iau

周日
Dydd Sul

昨天

ddoe

今天

heddiw

明天

yfory

早晨

bore

中午

canol dydd

晚上

noswaith

工作日

diwrnodiau busnes

周末

penwythnos

年
blwyddyn

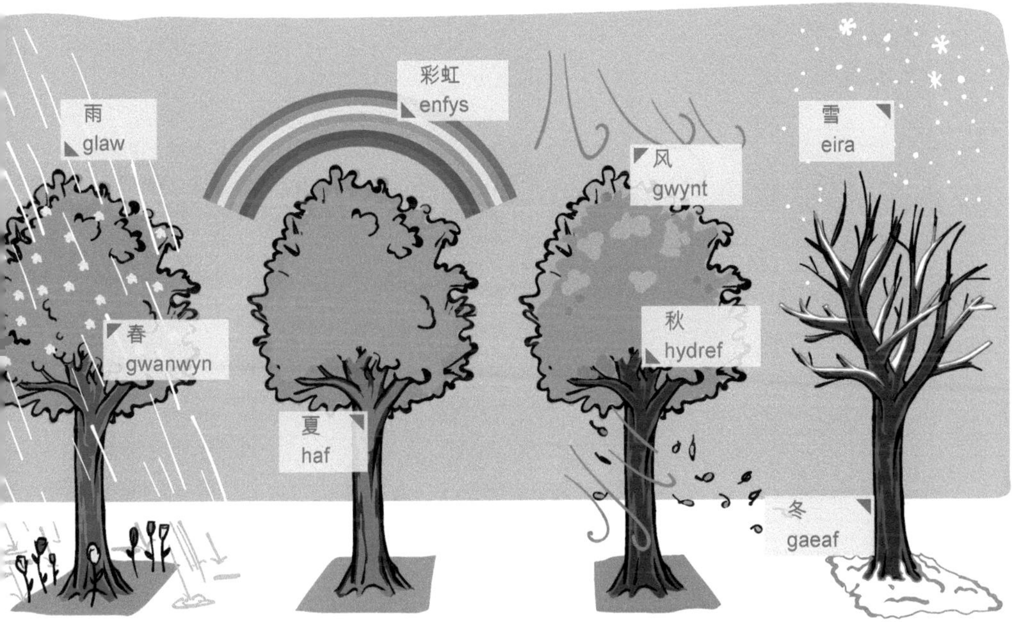

彩虹
enfys
雨
glaw
雪
eira
风
gwynt
春
gwanwyn
秋
hydref
夏
haf
冬
gaeaf

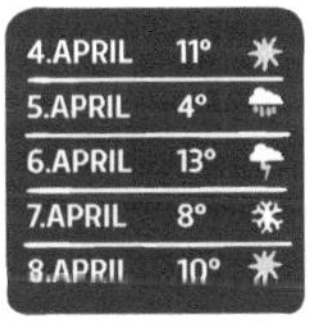

4.APRIL 11°
5.APRIL 4°
6.APRIL 13°
7.APRIL 8°
8.APRIL 10°

天气预报
rhagolygon y tywydd

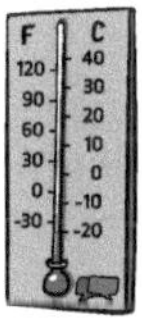

F
C
120
90
60
30
0
-30
40
30
20
10
0
-10
-20

温度计
thermomedr

阳光
heulwen

云
cwmwl

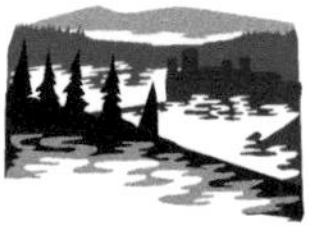

雾
niwl tew

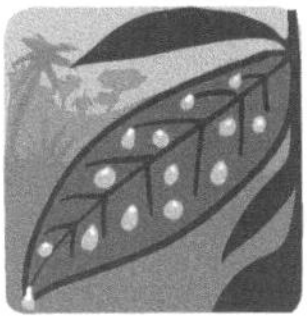

潮湿
lleithder

闪电

mellt

打雷

taranau

风暴

storm

冰雹

cenllysg

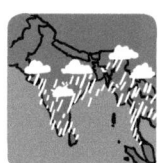

季风

monswn

洪水

llif

冰

iâ

一月

Ionawr

二月

Chwefror

三月

Mawrth

四月

Ebrill

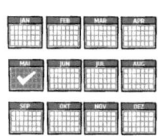

五月

Mai

六月

Mehefin

七月

Gorffennaf

八月

Awst

九月
....
Medi

十月
....
Hydref

十一月
....
Tachwedd

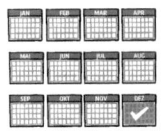

十二月
....
Rhagfyr

形状

siapiau

圆形
....
cylch

正方形
....
sgwâr

长方形
....
petryal

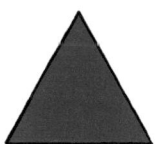

三角形
....
triongl

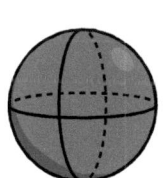

球体
....
sffêr

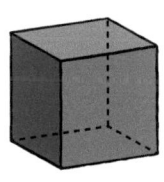

立方体
....
ciwb

白

gwyn

黄

melyn

橙

oren

粉

pinc

红

coch

紫

porffor

蓝

glas

绿

gwyrdd

棕

brown

灰

llwyd

黑

du

很多/少许

llawer / ychydig

生气/平静

dig / tawel

美/丑

hardd / hyll

首/尾

dechrau / diwedd

大/小

mawr / bach

明/暗

llachar / tywyll

兄弟/姐妹

brawd / chwaer

干净/肮脏

glân / budr

完整/缺失

gyflawn / anghyflawn

白天/晚上

dydd / nos

死/生

farw / yn fyw

宽/窄

eang / cul

可食用/非食用

bwytadwy / anfwytadwy

邪恶/善良

drwg / caredig

兴奋/无聊

llawn cyffro / diflasu

胖/瘦

tew / tenau

第一/最后

cyntaf / olaf

朋友/敌人

cyfaill / gelyn

满/空

llawn / gwag

硬/软

caled / meddal

重/轻

trwm / ysgafn

饿/渴

wedi newynnu / yn sychedig

生病/健康

yn sâl / yn iach

非法/合法

anghyfreithlon / cyfreithiol

聪明/愚笨

deallus / twp

左/右

chwith / dde

近/远

agos / pell

新/旧

wydd / wedi'i ddefnyddio

没有/有些

dim / rhywbeth

老/幼

hen / ifanc

开/关

ymlaen / i ffwrdd

打开/合上

ar agor / ar gau

安静/吵闹

tawel / uchel

富/穷

cyfoethog / tlawd

对/错

cywir / anghywir

粗糙/光滑

garw / llyfn

伤心/高兴

trist / hapus

短/长

byr / hir

慢/快

araf / cyflym

湿/干

gwlyb / sych

温暖/凉爽

cynnes / claear

战争/和平

rhyfel / heddwch

0

零
....
sero

1

一
....
un

2

二
....
dau

3

三
....
tri

4

四
....
pedwar

5

五
....
pump

6

六
....
chwech

7

七
....
saith

8

八
....
wyth

9

九
....
naw

10

十
....
deg

11

十一
....
un deg un

12
十二
un deg dau

13
十三
un deg tri

14
十四
un deg pedwar

15
十五
un deg pump

16
十六
un deg chwech

17
十七
un deg saith

18
十八
un deg wyth

19
十九
un deg naw

20
二十
dau ddeg

100
百
cant

1.000
千
mil

1.000.000
百万
miliwn

英语

Saesneg

美式英语

Saesneg America

普通话

Tsieinëeg Mandarin

印地语

Hindi

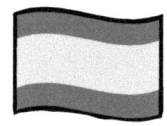

西班牙语

Sbaeneg

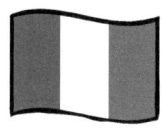

法语

Ffrangeg

阿拉伯语

Arabeg

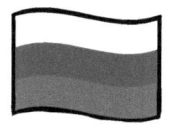

俄语

Rwseg

葡萄牙语

Portiwgaleg

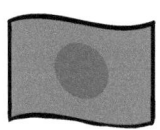

孟加拉语

Bengali

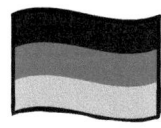

德语

Almaeneg

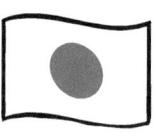

日语

Siapanaeg

我

fi

你

ti

他/她/它

ef / hi

我们

ni

你们

chi

他们

nhw

谁？

pwy?

什么？

beth?

怎样？

sut?

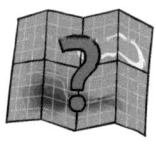

哪里？

ble?

什么时候？

pryd?

名字

enw

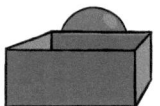

后面

y tu ôl i

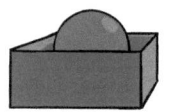

里面

yn / yng / ym / mewn

前面

o flaen

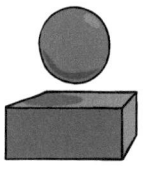

上方

dros

上面

ar

下面

dan

旁边

wrth ochr

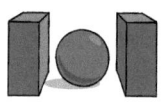

中间

rhwng

地点

lle